법화경 약찬게 _{사경}

법화경 약찬게 ^{사경}

법화경 약찬게 _{사경}

法華經 略纂偈

운주사

머리말

사경이란

사경은 부처님의 말씀을 옮겨 쓰는 것으로, 기도 수행의 한 방법이다. 즉 사경은 몸과 마음을 정갈히 가다듬고 부처님 말씀을 한 자 한 자 정성껏 옮겨 쓰는 수행 과정을 통해 불보살님의 가피를 받아 신심과 원력이 증장하고 바라는 소원이 성취되며, 늘 기쁨이 충만한 삶을 살다가 목숨을 마치고는 극락왕생하는 데 그 목적이 있다.

사경의 의의

부처님의 말씀은 경전을 통하여 우리에게 전해지고 있다. 따라서 경전의 말씀은 단순한 글자가 아니라 부처님이 깨달으신 진리를 상징하고 있다. 진리 자체는 문자로 나타낼 수 없지만 문자를 떠나서도 진리를 전하기 어렵다. 그러므로 경전에 쓰인 문자는 부처님께서 중생들을 진리로 인도하시려는 자비심의 상징이기도 하다.

사경을 통하여 우리는 부처님의 말씀을 보다 차분하게 깊이 이해할 수 있을 뿐 아니라, 정성을 다하여 사경하는 행위 그 자체가 훌륭한 수행이 된다는 사실을 알아야 한다. 그래서 옛 수행자들은 자신의 피로 사경을 하기도 하고, 한 글자를 쓸 때마다 삼배의 예를 올리기도 하였던 것이다.

이와 같이 사경은 부처님 말씀을 이해하고 자신의 마음을 맑히는 훌륭한 수행이자, 스스로의 정성을 부처님께 공양 올리는 거룩한 불사佛事라고 할 수 있다.

사경의 공덕

부처님께서는 『법화경』, 『반야경』 등 여러 경전에서 사경의 공덕이 매우 수승하다고 말씀하신다. 예컨대 사경의 공덕은 무수한 세월 동안 부처님께 재물을 보시한 공덕보다 뛰어나고 탑을 조성하는 공덕보다 수승하다는 것 등이다. 사경에는 다음과 같은 공덕이 있다.

1. 몸과 마음이 평안해지고 신심과 지혜가 증대된다.
2. 현세를 살아가며 마주치는 모든 재난을 이겨내고 삿된 기운을 물리친다.
3. 전생부터 지금까지 지은 모든 업장이 소멸된다.
4. 바라는 바를 원만하게 성취할 수 있다.
5. 부처님 가르침을 기억하여 잊지 않게 되고, 기억력이 좋아져 머리가 총명해진다.
6. 마음이 편안하고 안정되어 부처님 마음과 감응하여 삼매를 성취할 수 있다.
7. 모든 불자들이 바라는 깨달음을 빨리 얻을 수 있다.
8. 하는 일이 잘되며, 어려운 일이 해결된다.
9. 현실의 물질적, 정신적 어려움이 사라진다.
10. 맺힌 원결들이 풀어지고 주변에 좋은 인연들이 모여든다.
11. 불보살님이 항상 가피해 주신다.
12. 선망 조상들과 인연 있는 이들뿐 아니라 스스로도 극락왕생한다.
13. 늘 기쁘고 행복하며, 자비심이 생겨 만나는 이들에게도 행복을 전해 준다.

사경하는 순서

다음은 사경을 하는 일반적인 순서이다. 하지만 오로지 진실한 마음이 중요한 것이니, 크게 구애받지 말고 상황에 따라 적절히 실행하면 된다.

1. 몸과 마음을 정갈히 가다듬는다.
2. 사경할 준비를 하고 초를 켜거나 향을 피운다.
3. 3배를 올리고 사경 발원문을 봉독한다.
4. 개인적인 발원을 올린다.
5. 정성껏 사경을 한다.(1자1배, 1자3배를 하기도 한다)
6. 3배를 올리고 마친다.

* 사경을 처음 시작할 때 언제까지 몇 번을 쓰겠다고 불보살님께 약속하고 시작하는 것이 좋다. 도중에 나태해지거나 그만 두는 것을 예방할 수 있기 때문이다. 1,000번, 3,000번, 10,000번 등 자신의 신심에 따라 발원하면 된다.

사경 발원문

대자대비하신 부처님!

무시이래로 오늘에 이르기까지 제가 지은 모든 죄업을 참회하옵니다.

제가 이제 지극한 마음으로 부처님께 귀의하며 사경의식을 봉행하오니, 바라옵건대 이 인연공덕으로 제가 다겁생래로 지어온 모든 업장이 소멸되고, 가족 모두 건강하고 화목하며, 바라는 모든 일들이 원만히 성취되기를 발원하옵니다.

또한 상세선망 조상님과 법계일체 유주무주 모든 영가들이 서방정토에 극락왕생 하옵고, 인연 있는 모든 불자들이 부처님의 정법을 깨달아 신심이 청정하고 복된 삶이 되어지이다.

개인 발원문 (각자 바라는 발원을 적고 읽는다.)

....

....

....

....

....

불기   년   월   일

사경 제자 _____ 공경 합장

법화경 약찬게

법화경 약찬게
法 華 經 略 纂 偈

일승묘법연화경 보장보살약찬게
一 乘 妙 法 蓮 華 經　寶 藏 菩 薩 略 纂 偈

나무화장세계해 왕사성중기사굴
南 無 華 藏 世 界 海　王 舍 城 中 耆 闍 窟

상주불멸석가존 시방삼세일체불
常 住 不 滅 釋 迦 尊　十 方 三 世 一 切 佛

종종인연방편도 항전일승묘법륜
種 種 因 緣 方 便 道　恒 轉 一 乘 妙 法 輪

여비구중만이천 누진자재아라한
與 比 丘 衆 萬 二 千　漏 盡 自 在 阿 羅 漢

아야교진대가섭 우루빈나급가야
阿 若 矯 陳 大 迦 葉　優 樓 頻 那 及 伽 倻

나제가섭사리불 대목건련가전연
那 提 迦 葉 舍 利 弗　大 目 健 連 伽 施 延

아누루타겁빈나 교범바제이바다
阿 㝹 樓 馱 劫 賓 那　矯 梵 波 提 離 婆 多

필릉가바박구라　마하구치라난타
畢　陵　伽　婆　縛　狗　羅　摩　訶　俱　絺　羅　難　陀

손타라여부루나　수보리자여아난
孫　陀　羅　與　富　樓　那　須　菩　提　者　與　阿　難

라후라등대비구　마하파사파제급
羅　睺　羅　等　大　比　丘　摩　訶　婆　闍　婆　提　及

라후라모야수다　비구니등이천인
羅　睺　羅　母　耶　輸　陀　比　丘　尼　等　二　千　人

마하살중팔만인　문수사리관세음
摩　訶　薩　衆　八　萬　人　文　殊　師　利　觀　世　音

득대세여상정진　불휴식급보장사
得　大　勢　與　常　精　進　不　休　息　及　寶　藏　士

약왕용시급보월　월광만월대력인
藥　王　勇　施　及　寶　月　月　光　滿　月　大　力　人

무량력여월삼계　발타바라미륵존
無　量　力　與　越　三　界　跋　陀　婆　羅　彌　勒　尊

보적도사제보살　석제환인월천자
寶　積　導　師　諸　菩　薩　釋　提　桓　因　月　天　子

보향보광사천왕　자재천자대자재
普　香　寶　光　四　天　王　自　在　天　子　大　自　在

사바계주범천왕 　 시기대범광명범
娑婆界主梵天王 　 尸棄大梵光明梵

난타용왕발난타 　 사가라왕화수길
難陀龍王跋難陀 　 娑伽羅王和修吉

덕차아나바달다 　 마나사용우바라
德叉阿那婆達多 　 摩那斯龍優鉢羅

법긴나라묘법왕 　 대법긴나지법왕
法緊那羅妙法王 　 大法緊那持法王

악건달바악음왕 　 미건달바미음왕
樂乾闥婆樂音王 　 美乾闥婆美音王

바치거라건타왕 　 비마질다라수라
婆稚佉羅乾陀王 　 毘摩質多羅修羅

라후아수라왕등 　 대덕가루대신왕
羅睺阿修羅王等 　 大德迦樓大身王

대만가루여의왕 　 위제희자아사세
大滿迦樓如意王 　 韋提希子阿闍世

각여약간백천인 　 불위설경무량의
各與若干百千人 　 佛爲說經無量義

무량의처삼매중 　 천우사화지육진
無量義處三昧中 　 天雨四花地六震

사중팔부인비인 급제소왕전륜왕
四衆八部人非人 及諸小王轉輪王

제대중득미증유 환희합장심관불
諸大衆得未曾有 歡喜合掌心觀佛

불방미간백호광 광조동방만팔천
佛放眉間白毫光 光照東方萬八千

하지아비상아가 중생제불급보살
下至阿鼻上阿迦 衆生諸佛及菩薩

종종수행불설법 열반기탑차실견
種種修行佛說法 涅槃起塔此悉見

대중의념미륵문 문수사리위결의
大衆疑念彌勒問 文殊師利爲決疑

아어과거견차서 즉설묘법여당지
我於過去見此瑞 卽說妙法汝當知

시유일월등명불 위설정법초중후
時有日月燈明佛 爲說正法初中後

순일무잡범행상 설응제연육도법
純一無雜梵行相 說應諦緣六度法

영득아뇩보리지 여시이만개동명
令得阿耨菩提智 如是二萬皆同名

16

最後八子爲法師 是時六瑞皆如是

妙光菩薩求名尊 文殊彌勒豈異人

德藏堅滿大樂說 智積上行無邊行

淨行菩薩安立行 常不經士宿王華

一切衆生喜見人 妙音菩薩上行意

莊嚴王及華德士 無盡意與持地人

光照莊嚴藥王尊 藥王菩薩普賢尊

常隨三世十方佛 日月燈明燃燈佛

大通智勝如來佛 阿閦佛及須彌頂

師子音佛師子相 虛空住佛常明佛

제 상 블 여 범 상 블　아 미 타 블 도 고 뇌
帝 相 佛 與 梵 相 佛　阿 彌 陀 佛 度 苦 惱

다 마 라 블 수 미 상　운 자 재 블 자 재 왕
多 摩 羅 佛 須 彌 相　雲 自 在 佛 自 在 王

괴 포 외 블 다 보 블　위 음 왕 블 일 월 등
壞 怖 畏 佛 多 寶 佛　威 音 王 佛 日 月 燈

운 자 재 등 정 명 덕　정 화 수 왕 운 뢰 음
雲 自 在 燈 淨 明 德　淨 華 宿 王 雲 雷 音

운 뢰 음 수 왕 화 지　보 위 덕 상 왕 여 래
雲 雷 音 宿 王 華 智　寶 威 德 上 王 如 來

여 시 제 블 제 보 살　이 금 당 래 설 묘 법
如 是 諸 佛 諸 菩 薩　已 今 當 來 說 妙 法

어 차 법 회 여 시 방　상 수 석 가 모 니 블
於 此 法 會 與 十 方　常 隨 釋 迦 牟 尼 佛

운 집 상 종 법 회 중　점 돈 신 자 용 녀 등
雲 集 相 從 法 會 中　漸 頓 身 子 龍 女 等

일 우 등 주 제 수 초　서 품 방 편 비 유 품
一 雨 等 澍 諸 樹 草　序 品 方 便 譬 喻 品

신 해 약 초 수 기 품　화 성 유 품 오 백 제
信 解 藥 草 授 記 品　化 城 喻 品 五 百 第

수학무학인기품 법사품여견보탑
授 學 無 學 人 記 品　法 師 品 與 見 寶 塔

제바달다여지품 안락행품종지용
提 婆 達 多 與 持 品　安 樂 行 品 從 地 涌

여래수량분별공 수희공덕법사공
如 來 壽 量 分 別 功　隨 喜 功 德 法 師 功

상불경품신력품 촉루약왕본사품
常 不 輕 品 神 力 品　囑 累 藥 王 本 事 品

묘음관음보문품 다라니품묘장엄
妙 音 觀 音 普 門 品　陀 羅 尼 品 妙 莊 嚴

보현보살권발품 이십팔품원만교
普 賢 菩 薩 勸 發 品　二 十 八 品 圓 滿 敎

시위일승묘법문 지품별게개구족
是 爲 一 乘 妙 法 門　支 品 別 偈 皆 具 足

독송수지신해인 종불구생불의부
讀 誦 受 持 信 解 人　從 佛 口 生 佛 衣 覆

보현보살내수호 마귀제뇌개소제
普 賢 菩 薩 來 守 護　魔 鬼 諸 惱 皆 消 除

불탐세간심의직 유정억념유복덕
不 貪 世 間 心 意 直　有 正 億 念 有 福 德

망실구게영통리 불구당예도량중
忘失句偈令通利 不久當詣道場中

득대보리전법륜 시고견자여경불
得大菩提轉法輪 是故見者如敬佛

나무묘법연화경 영산회상불보살
南無妙法蓮華經 靈山會上佛菩薩

일승묘법연화경 보장보살약찬게
一乘妙法蓮華經 寶藏菩薩略纂偈

법화경 약찬게

法 華 經 略 纂 偈

일승묘법연화경 보장보살약찬게

一 乘 妙 法 蓮 華 經　寶 藏 菩 薩 略 纂 偈

나무화장세계해 왕사성중기사굴

南 無 華 藏 世 界 海　王 舍 城 中 耆 闍 窟

상주불멸석가존 시방삼세일체불

常 住 不 滅 釋 迦 尊　十 方 三 世 一 切 佛

종종인연방편도 항전일승묘법륜

種 種 因 緣 方 便 道　恒 轉 一 乘 妙 法 輪

여비구중만이천 누진자재아라한

與 比 丘 衆 萬 二 千　漏 盡 自 在 阿 羅 漢

아야교진대가섭 우루빈나급가야

阿 若 矯 陳 大 迦 葉　優 樓 頻 那 及 伽 倻

나제가섭사리불 대목건련가전연

那 提 迦 葉 舍 利 弗　大 目 健 連 伽 旃 延

아누루타겁빈나 교범바제이바다

阿 㝹 樓 馱 劫 賓 那　矯 梵 波 提 離 婆 多

필릉가바박구라 마하구치라난타
畢陵伽婆縛狗羅 摩訶俱絺羅難陀

손타라여부루나 수보리자여아난
孫陀羅與富樓那 須菩提者與阿難

라후라등대비구 마하파사파제급
羅睺羅等大比丘 摩訶婆闍婆提及

라후라모야수다 비구니등이천인
羅睺羅母耶輸陀 比丘尼等二千人

마하살중팔만인 문수사리관세음
摩訶薩衆八萬人 文殊師利觀世音

득대세여상정진 불휴식급보장사
得大勢與常精進 不休息及寶藏士

약왕용시급보월 월광만월대력인
藥王勇施及寶月 月光滿月大力人

무량력여월삼계 발타바라미륵존
無量力與越三界 跋陀婆羅彌勒尊

보적도사제보살 석제환인월천자
寶積導師諸菩薩 釋提桓因月天子

보향보광사천왕 자재천자대자재
普香寶光四天王 自在天子大自在

사바계주범천왕 시기대범광명범
娑婆界主梵天王 尸棄大梵光明梵

난타용왕발난타 사가라왕화수길
難陀龍王跋難陀 娑伽羅王和修吉

덕차아나바달다 마나사용우바라
德叉阿那婆達多 摩那斯龍優鉢羅

법긴나라묘법왕 대법긴나지법왕
法緊那羅妙法王 大法緊那持法王

악건달바악음왕 미건달바미음왕
樂乾闥婆樂音王 美乾闥婆美音王

바치거라건타왕 비마질다라수라
婆稚佉羅乾陀王 毘摩質多羅修羅

라후아수라왕등 대덕가루대신왕
羅睺阿修羅王等 大德迦樓大身王

대만가루여의왕 위제희자아사세
大滿迦樓如意王 韋提希子阿闍世

각여약간백천인 불위설경무량의
各與若干百千人 佛爲說經無量義

무량의처삼매중 천우사화지육진
無量義處三昧中 天雨四花地六震

사중팔부인비인 급제소왕전륜왕
四　衆　八　部　人　非　人　　及　諸　小　王　轉　輪　王

제대중득미증유 환희합장심관불
諸　大　衆　得　未　曾　有　　歡　喜　合　掌　心　觀　佛

불방미간백호광 광조동방만팔천
佛　放　眉　間　白　毫　光　　光　照　東　方　萬　八　千

하지아비상아가 중생제불급보살
下　至　阿　鼻　上　阿　迦　　衆　生　諸　佛　及　菩　薩

종종수행불설법 열반기탑차실견
種　種　修　行　佛　說　法　　涅　槃　起　塔　此　悉　見

대중의념미륵문 문수사리위결의
大　衆　疑　念　彌　勒　問　　文　殊　師　利　爲　決　疑

아어과거견차서 즉설묘법여당지
我　於　過　去　見　此　瑞　　卽　說　妙　法　汝　當　知

시유일월등명불 위설정법초중후
時　有　日　月　燈　明　佛　　爲　說　正　法　初　中　後

순일무잡범행상 설응제연육도법
純　一　無　雜　梵　行　相　　說　應　諦　緣　六　度　法

영득아뇩보리지 여시이만개동명
令　得　阿　耨　菩　提　智　　如　是　二　萬　皆　同　名

最後八子爲法師 是時六瑞皆如是
최후팔자위법사 시시육서개여시

妙光菩薩求名尊 文殊彌勒豈異人
묘광보살구명존 문수미륵기이인

德藏堅滿大樂說 智積上行無邊行
덕장견만대요설 지적상행무변행

淨行菩薩安立行 常不經士宿王華
정행보살안립행 상불경사수왕화

一切衆生喜見人 妙音菩薩上行意
일체중생희견인 묘음보살상행의

莊嚴王及華德士 無盡意與持地人
장엄왕급화덕사 무진의여지지인

光照莊嚴藥王尊 藥王菩薩普賢尊
광조장엄약왕존 약왕보살보현존

常隨三世十方佛 日月燈明燃燈佛
상수삼세시방불 일월등명연등불

大通智勝如來佛 阿閦佛及須彌頂
대통지승여래불 아촉불급수미정

師子音佛師子相 虛空住佛常明佛
사자음불사자상 허공주불상명불

제상불여법상불 아미타불도고뇌
帝相佛與梵相佛 阿彌陀佛度苦惱

다마라불수미상 운자재불자재왕
多摩羅佛須彌相 雲自在佛自在王

괴포외불다보불 위음왕불일월등
壞怖畏佛多寶佛 威音王佛日月燈

운자재등정명덕 정화수왕운뢰음
雲自在燈淨明德 淨華宿王雲雷音

운뢰음수왕화지 보위덕상왕여래
雲雷音宿王華智 寶威德上王如來

여시제불제보살 이금당래설묘법
如是諸佛諸菩薩 已今當來說妙法

어차법회여시방 상수석가모니불
於此法會與十方 常隨釋迦牟尼佛

운집상종법회중 점돈신자용녀등
雲集相從法會中 漸頓身子龍女等

일우등주제수초 서품방편비유품
一雨等澍諸樹草 序品方便譬喻品

신해약초수기품 화성유품오백제
信解藥草授記品 化城喻品五百第

26

授學無學人記品　法師品與見寶塔
수학무학인기품　법사품여견보탑

提婆達多與持品　安樂行品從地涌
제바달다여지품　안락행품종지용

如來壽量分別功　隨喜功德法師功
여래수량분별공　수희공덕법사공

常不輕品神力品　囑累藥王本事品
상불경품신력품　촉루약왕본사품

妙音觀音普門品　陀羅尼品妙莊嚴
묘음관음보문품　다라니품묘장엄

普賢菩薩勸發品　二十八品圓滿教
보현보살권발품　이십팔품원만교

是爲一乘妙法門　支品別偈皆具足
시위일승묘법문　지품별게개구족

讀誦受持信解人　從佛口生佛衣覆
독송수지신해인　종불구생불의부

普賢菩薩來守護　魔鬼諸惱皆消除
보현보살내수호　마귀제뇌개소제

不貪世間心意直　有正憶念有福德
불탐세간심의직　유정억념유복덕

망실구게영통리 불구당예도량중
忘失句偈令通利 不久當詣道場中

득대보리전법륜 시고견자여경불
得大菩提轉法輪 是故見者如敬佛

나무묘법연화경 영산회상불보살
南無妙法蓮華經 靈山會上佛菩薩

일승묘법연화경 보장보살약찬게
一乘妙法蓮華經 寶藏菩薩略纂偈

법화경 약찬게
法華經 略纂偈

일승묘법연화경 보장보살약찬게
一乘妙法蓮華經 寶藏菩薩略纂偈

나무화장세계해 왕사성중기사굴
南無華藏世界海 王舍城中耆闍窟

상주불멸석가존 시방삼세일체불
常住不滅釋迦尊 十方三世一切佛

종종인연방편도 항전일승묘법륜
種種因緣方便道 恒轉一乘妙法輪

여비구중만이천 누진자재아라한
與比丘衆萬二千 漏盡自在阿羅漢

아야교진대가섭 우루빈나급가야
阿若矯陳大迦葉 優樓頻那及伽倻

나제가섭사리불 대목건련가전연
那提迦葉舍利弗 大目健連伽㫌延

아누루타겁빈나 교범바제이바다
阿㝹樓馱劫賓那 矯梵波提離婆多

필릉가바박구라　마하구치라난타
畢　陵　伽　婆　縛　狗　羅　　摩　訶　俱　絺　羅　難　陀

손타라여부루나　수보리자여아난
孫　陀　羅　與　富　樓　那　　須　菩　提　者　與　阿　難

라후라등대비구　마하파사파제급
羅　睺　羅　等　大　比　丘　　摩　訶　婆　闍　婆　提　及

라후라모야수다　비구니등이천인
羅　睺　羅　母　耶　輸　陀　　比　丘　尼　等　二　千　人

마하살중팔만인　문수사리관세음
摩　訶　薩　衆　八　萬　人　　文　殊　師　利　觀　世　音

득대세여상정진　불휴식급보장사
得　大　勢　與　常　精　進　　不　休　息　及　寶　藏　士

약왕용시급보월　월광만월대력인
藥　王　勇　施　及　寶　月　　月　光　滿　月　大　力　人

무량력여월삼계　발타바라미륵존
無　量　力　與　越　三　界　　跋　陀　婆　羅　彌　勒　尊

보적도사제보살　석제환인월천자
寶　積　導　師　諸　菩　薩　　釋　提　桓　因　月　天　子

보향보광사천왕　자재천자대자재
普　香　寶　光　四　天　王　　自　在　天　子　大　自　在

사바계주범천왕　시기대범광명범
娑婆界主梵天王　尸棄大梵光明梵

난타용왕발난타　사가라왕화수길
難陀龍王跋難陀　娑伽羅王和修吉

덕차아나바달다　마나사용우바라
德叉阿那婆達多　摩那斯龍優鉢羅

법긴나라묘법왕　대법긴나지법왕
法緊那羅妙法王　大法緊那持法王

악건달바악음왕　미건달바미음왕
樂乾闥婆樂音王　美乾闥婆美音王

바치거라건타왕　비마질다라수라
婆稚伕羅乾陀王　毘摩質多羅修羅

라후아수라왕등　대덕가루대신왕
羅睺阿修羅王等　大德迦樓大身王

대만가루여의왕　위제희자아사세
大滿迦樓如意王　韋提希子阿闍世

각여약간백천인　불위설경무량의
各與若干百千人　佛爲說經無量義

무량의처삼매중　천우사화지육진
無量義處三昧中　天雨四花地六震

사	중	팔	부	인	비	인	급	제	소	왕	전	류	왕
四	衆	八	部	人	非	人	及	諸	小	王	轉	輪	王

제	대	중	득	미	증	유	환	희	합	장	심	관	불
諸	大	衆	得	未	曾	有	歡	喜	合	掌	心	觀	佛

불	방	미	간	백	호	광	광	조	동	방	만	팔	천
佛	放	眉	間	白	毫	光	光	照	東	方	萬	八	千

하	지	아	비	상	아	가	중	생	제	불	급	보	살
下	至	阿	鼻	上	阿	迦	衆	生	諸	佛	及	菩	薩

종	종	수	행	불	설	법	열	반	기	탑	차	실	견
種	種	修	行	佛	說	法	涅	槃	起	塔	此	悉	見

대	중	의	념	미	륵	문	문	수	사	리	위	결	의
大	衆	疑	念	彌	勒	問	文	殊	師	利	爲	決	疑

아	어	과	거	견	차	서	즉	설	묘	법	여	당	지
我	於	過	去	見	此	瑞	卽	說	妙	法	汝	當	知

시	유	일	월	등	명	불	위	설	정	법	초	중	후
時	有	日	月	燈	明	佛	爲	說	正	法	初	中	後

순	일	무	잡	범	행	상	설	응	제	연	육	도	법
純	一	無	雜	梵	行	相	說	應	諦	緣	六	度	法

영	득	아	뇩	보	리	지	여	시	이	만	개	동	명
令	得	阿	耨	菩	提	智	如	是	二	萬	皆	同	名

最後八子爲法師　是時六瑞皆如是
妙光菩薩求名尊　文殊彌勒豈異人
德藏堅滿大樂說　智積上行無邊行
淨行菩薩安立行　常不經士宿王華
一切衆生喜見人　妙音菩薩上行意
莊嚴王及華德士　無盡意與持地人
光照莊嚴藥王尊　藥王菩薩普賢尊
常隨三世十方佛　日月燈明燃燈佛
大通智勝如來佛　阿閦佛及須彌頂
師子音佛師子相　虛空住佛常明佛

제	상	블	여	법	상	블	아	미	타	블	도	고	뇌
帝	相	佛	與	梵	相	佛	阿	彌	陀	佛	度	苦	惱

다	마	라	블	수	미	상	운	자	재	블	자	재	왕
多	摩	羅	佛	須	彌	相	雲	自	在	佛	自	在	王

괴	포	외	블	다	보	블	위	음	왕	블	일	월	등
壞	怖	畏	佛	多	寶	佛	威	音	王	佛	日	月	燈

운	자	재	등	정	명	덕	정	화	수	왕	운	뢰	음
雲	自	在	燈	淨	明	德	淨	華	宿	王	雲	雷	音

운	뢰	음	수	왕	화	지	보	위	덕	상	왕	여	래
雲	雷	音	宿	王	華	智	寶	威	德	上	王	如	來

여	시	제	블	제	보	살	이	금	당	래	설	묘	법
如	是	諸	佛	諸	菩	薩	已	今	當	來	說	妙	法

어	차	법	회	여	시	방	상	수	석	가	모	니	블
於	此	法	會	與	十	方	常	隨	釋	迦	车	尼	佛

운	집	상	종	법	회	중	점	돈	신	자	용	녀	등
雲	集	相	從	法	會	中	漸	頓	身	子	龍	女	等

일	우	등	주	제	수	초	서	품	방	편	비	유	품
一	雨	等	澍	諸	樹	草	序	品	方	便	譬	喩	品

신	해	약	초	수	기	품	화	성	유	품	오	백	제
信	解	藥	草	授	記	品	化	城	喩	品	五	百	第

수	학	무	학	인	기	픔	법	사	픔	여	견	보	탑
授	學	無	學	人	記	品	法	師	品	與	見	寶	塔

제	바	달	다	여	지	픔	안	락	행	픔	종	지	용
提	婆	達	多	與	持	品	安	樂	行	品	從	地	涌

여	래	수	량	분	별	공	수	희	공	덕	법	사	공
如	來	壽	量	分	別	功	隨	喜	功	德	法	師	功

상	불	경	픔	신	력	픔	촉	루	약	왕	본	사	픔
常	不	輕	品	神	力	品	囑	累	藥	王	本	事	品

묘	음	관	음	보	문	픔	다	라	니	픔	묘	장	엄
妙	音	觀	音	普	門	品	陀	羅	尼	品	妙	莊	嚴

보	현	보	살	권	발	픔	이	십	팔	픔	원	만	교
普	賢	菩	薩	勸	發	品	二	十	八	品	圓	滿	敎

시	위	일	승	묘	법	문	지	픔	별	게	개	구	족
是	爲	一	乘	妙	法	門	支	品	別	偈	皆	具	足

독	송	수	지	신	해	인	종	불	구	생	불	의	부
讀	誦	受	持	信	解	人	從	佛	口	生	佛	衣	覆

보	현	보	살	내	수	호	마	귀	제	뇌	개	소	제
普	賢	菩	薩	來	守	護	魔	鬼	諸	惱	皆	消	除

불	탐	세	간	심	의	직	유	정	억	념	유	복	덕
不	貪	世	間	心	意	直	有	正	億	念	有	福	德

망실구게영통리 불구당예도량중
忘失句偈令通利 不久當詣道場中

득대보리전법륜 시고견자여경불
得大菩提轉法輪 是故見者如敬佛

나무묘법연화경 영산회상불보살
南無妙法蓮華經 靈山會上佛菩薩

일승묘법연화경 보장보살약찬게
一乘妙法蓮華經 寶藏菩薩略纂偈

법화경 약찬게
法 華 經 略 纂 偈

일승묘법연화경 보장보살약찬게
一 乘 妙 法 蓮 華 經　寶 藏 菩 薩 略 纂 偈

나무화장세계해 왕사성중기사굴
南 無 華 藏 世 界 海　王 舍 城 中 耆 闍 窟

상주불멸석가존 시방삼세일체불
常 住 不 滅 釋 迦 尊　十 方 三 世 一 切 佛

종종인연방편도 항전일승묘법륜
種 種 因 緣 方 便 道　恒 轉 一 乘 妙 法 輪

여비구중만이천 누진자재아라한
與 比 丘 衆 萬 二 千　漏 盡 自 在 阿 羅 漢

아야교진대가섭 우루빈나급가야
阿 若 矯 陳 大 迦 葉　優 樓 頻 那 及 伽 倻

나제가섭사리불 대목건련가전연
那 提 迦 葉 舍 利 弗　大 目 健 連 伽 㫋 延

아누루타겁빈나 교범바제이바다
阿 㝹 樓 馱 劫 賓 那　矯 梵 波 提 離 婆 多

필릉가바박구라 마하구치라난타
畢陵伽婆縛狗羅 摩訶俱絺羅難陀

손타라여부루나 수보리자여아난
孫陀羅與富樓那 須菩提者與阿難

라후라등대비구 마하파사파제급
羅睺羅等大比丘 摩訶婆闍婆提及

라후라모야수다 비구니등이천인
羅睺羅母耶輸陀 比丘尼等二千人

마하살중팔만인 문수사리관세음
摩訶薩衆八萬人 文殊師利觀世音

득대세여상정진 불휴식급보장사
得大勢與常精進 不休息及寶藏士

약왕용시급보월 월광만월대력인
藥王勇施及寶月 月光滿月大力人

무량력여월삼계 발타바라미륵존
無量力與越三界 跋陀婆羅彌勒尊

보적도사제보살 석제환인월천자
寶積導師諸菩薩 釋提桓因月天子

보향보광사천왕 자재천자대자재
普香寶光四天王 自在天子大自在

38

사바계주범천왕   시기대범광명범
娑 婆 界 主 梵 天 王   尸 棄 大 梵 光 明 梵

난타용왕발난타   사가라왕화수길
難 陀 龍 王 跋 難 陀   娑 伽 羅 王 和 修 吉

덕차아나바달다   마나사용우바라
德 叉 阿 那 婆 達 多   摩 那 斯 龍 優 鉢 羅

법긴나라묘법왕   대법긴나지법왕
法 緊 那 羅 妙 法 王   大 法 緊 那 持 法 王

악건달바악음왕   미건달바미음왕
樂 乾 闥 婆 樂 音 王   美 乾 闥 婆 美 音 王

바치거라건타왕   비마질다라수라
婆 稚 佉 羅 乾 陀 王   毘 摩 質 多 羅 修 羅

라후아수라왕등   대덕가루대신왕
羅 睺 阿 修 羅 王 等   大 德 迦 樓 大 身 王

대만가루여의왕   위제희자아사세
大 滿 迦 樓 如 意 王   韋 提 希 子 阿 闍 世

각여약간백천인   불위설경무량의
各 與 若 干 百 千 人   佛 爲 說 經 無 量 義

무량의처삼매중   천우사화지육진
無 量 義 處 三 昧 中   天 雨 四 花 地 六 震

사 중 팔 부 인 비 인 급 제 소 왕 전 륜 왕
四 衆 八 部 人 非 人 及 諸 小 王 轉 輪 王

제 대 중 득 미 증 유 환 희 합 장 심 관 불
諸 大 衆 得 未 曾 有 歡 喜 合 掌 心 觀 佛

불 방 미 간 백 호 광 광 조 동 방 만 팔 천
佛 放 眉 間 白 毫 光 光 照 東 方 萬 八 千

하 지 아 비 상 아 가 중 생 제 불 급 보 살
下 至 阿 鼻 上 阿 迦 衆 生 諸 佛 及 菩 薩

종 종 수 행 불 설 법 열 반 기 탑 차 실 견
種 種 修 行 佛 說 法 涅 槃 起 塔 此 悉 見

대 중 의 념 미 륵 문 문 수 사 리 위 결 의
大 衆 疑 念 彌 勒 問 文 殊 師 利 爲 決 疑

아 어 과 거 견 차 서 즉 설 묘 법 여 당 지
我 於 過 去 見 此 瑞 卽 說 妙 法 汝 當 知

시 유 일 월 등 명 불 위 설 정 법 초 중 후
時 有 日 月 燈 明 佛 爲 說 正 法 初 中 後

순 일 무 잡 범 행 상 설 응 제 연 육 도 법
純 一 無 雜 梵 行 相 說 應 諦 緣 六 度 法

영 득 아 뇩 보 리 지 여 시 이 만 개 동 명
令 得 阿 耨 菩 提 智 如 是 二 萬 皆 同 名

最後八子爲法師 是時六瑞皆如是
최후팔자위법사 시시육서개여시

妙光菩薩求名尊 文殊彌勒豈異人
묘광보살구명존 문수미륵기이인

德藏堅滿大樂說 智積上行無邊行
덕장견만대요설 지적상행무변행

淨行菩薩安立行 常不經士宿王華
정행보살안립행 상불경사수왕화

一切衆生喜見人 妙音菩薩上行意
일체중생희견인 묘음보살상행의

莊嚴王及華德士 無盡意與持地人
장엄왕급화덕사 무진의여지지인

光照莊嚴藥王尊 藥王菩薩普賢尊
광조장엄약왕존 약왕보살보현존

常隨三世十方佛 日月燈明燃燈佛
상수삼세시방불 일월등명연등불

大通智勝如來佛 阿閦佛及須彌頂
대통지승여래불 아족불급수미정

師子音佛師子相 虛空住佛常明佛
사자음불사자상 허공주불상명불

제상불여법상불 아미타불도고뇌
帝相佛與梵相佛 阿彌陀佛度苦惱

다마라불수미상 운자재불자재왕
多摩羅佛須彌相 雲自在佛自在王

괴포외불다보불 위음왕불일월등
壞怖畏佛多寶佛 威音王佛日月燈

운자재등정명덕 정화수왕운뢰음
雲自在燈淨明德 淨華宿王雲雷音

운뢰음수왕화지 보위덕상왕여래
雲雷音宿王華智 寶威德上王如來

여시제불제보살 이금당래설묘법
如是諸佛諸菩薩 已今當來說妙法

어차법회여시방 상수석가모니불
於此法會與十方 常隨釋迦牟尼佛

운집상종법회중 점돈신자용녀등
雲集相從法會中 漸頓身子龍女等

일우등주제수초 서품방편비유품
一雨等澍諸樹草 序品方便譬喩品

신해약초수기품 화성유품오백제
信解藥草授記品 化城喩品五百第

42

수학무학인기품　법사품여견보탑
授學無學人記品　法師品與見寶塔

제바달다여지품　안락행품종지용
提婆達多與持品　安樂行品從地涌

여래수량분별공　수희공덕법사공
如來壽量分別功　隨喜功德法師功

상불경품신력품　촉루약왕본사품
常不輕品神力品　囑累藥王本事品

묘음관음보문품　다라니품묘장엄
妙音觀音普門品　陀羅尼品妙莊嚴

보현보살권발품　이십팔품원만교
普賢菩薩勸發品　二十八品圓滿教

시위일승묘법문　지품별게개구족
是爲一乘妙法門　支品別偈皆具足

독송수지신해인　종불구생불의부
讀誦受持信解人　從佛口生佛衣覆

보현보살내수호　마귀제뇌개소제
普賢菩薩來守護　魔鬼諸惱皆消除

불탐세간심의직　유정억념유복덕
不貪世間心意直　有正億念有福德

망실구게영통리 불구당예도량중
忘失句偈令通利 不久當詣道場中

득대보리전법륜 시고견자여경불
得大菩提轉法輪 是故見者如敬佛

나무묘법연화경 영산회상불보살
南無妙法蓮華經 靈山會上佛菩薩

일승묘법연화경 보장보살약찬게
一乘妙法蓮華經 寶藏菩薩略纂偈

법화경 약찬게
法華經 略纂偈

일승묘법연화경 보장보살약찬게
一乘妙法蓮華經 寶藏菩薩略纂偈

나무화장세계해 왕사성중기사굴
南無華藏世界海 王舍城中耆闍窟

상주불멸석가존 시방삼세일체불
常住不滅釋迦尊 十方三世一切佛

종종인연방편도 항전일승묘법륜
種種因緣方便道 恒轉一乘妙法輪

여비구중만이천 누진자재아라한
與比丘衆萬二千 漏盡自在阿羅漢

아야교진대가섭 우루빈나급가야
阿若矯陳大迦葉 優樓頻那及伽倻

나제가섭사리불 대목건련가전연
那提迦葉舍利弗 大目健連伽旃延

아누루타겁빈나 교범바제이바다
阿㝹樓駄劫賓那 矯梵波提離婆多

필릉가바박구라　마하구치라난타
畢　陵　伽　婆　縛　狗　羅　　摩　訶　俱　絺　羅　難　陀

손타라여부루나　수보리자여아난
孫　陀　羅　與　富　樓　那　　須　菩　提　者　與　阿　難

라후라등대비구　마하파사파제급
羅　睺　羅　等　大　比　丘　　摩　訶　婆　闍　婆　提　及

라후라모야수다　비구니등이천인
羅　睺　羅　母　耶　輸　陀　　比　丘　尼　等　二　千　人

마하살중팔만인　문수사리관세음
摩　訶　薩　衆　八　萬　人　　文　殊　師　利　觀　世　音

득대세여상정진　불휴식급보장사
得　大　勢　與　常　精　進　　不　休　息　及　寶　藏　士

약왕용시급보월　월광만월대력인
藥　王　勇　施　及　寶　月　　月　光　滿　月　大　力　人

무량력여월삼계　발타바라미륵존
無　量　力　與　越　三　界　　跋　陀　婆　羅　彌　勒　尊

보적도사제보살　석제환인월천자
寶　積　導　師　諸　菩　薩　　釋　提　桓　因　月　天　子

보향보광사천왕　자재천자대자재
普　香　寶　光　四　天　王　　自　在　天　子　大　自　在

사바계주범천왕 시기대범광명범
娑婆界主梵天王 尸棄大梵光明梵

난타용왕발난타 사가라왕화수길
難陀龍王跋難陀 娑伽羅王和修吉

덕차아나바달다 마나사용우바라
德叉阿那婆達多 摩那斯龍優鉢羅

법긴나라묘법왕 대법긴나지법왕
法緊那羅妙法王 大法緊那持法王

악건달바악음왕 미건달바미음왕
樂乾闥婆樂音王 美乾闥婆美音王

바치거라건타왕 비마질다라수라
婆稚佉羅乾陀王 毘摩質多羅修羅

라후아수라왕등 대덕가루대신왕
羅睺阿修羅王等 大德迦樓大身王

대만가루여의왕 위제희자아사세
大滿迦樓如意王 韋提希子阿闍世

각여약간백천인 불위설경무량의
各與若干百千人 佛爲說經無量義

무량의처삼매중 천우사화지육진
無量義處三昧中 天雨四花地六震

사중팔부인비인 급제소왕전륜왕
四衆八部人非人 及諸小王轉輪王

제대중득미증유 환희합장심관불
諸大衆得未曾有 歡喜合掌心觀佛

불방미간백호광 광조동방만팔천
佛放眉間白毫光 光照東方萬八千

하지아비상아가 중생제불급보살
下至阿鼻上阿迦 衆生諸佛及菩薩

종종수행불설법 열반기탑차실견
種種修行佛說法 涅槃起塔此悉見

대중의념미륵문 문수사리위결의
大衆疑念彌勒問 文殊師利爲決疑

아어과거견차서 즉설묘법여당지
我於過去見此瑞 卽說妙法汝當知

시유일월등명불 위설정법초중후
時有日月燈明佛 爲說正法初中後

순일무잡범행상 설응제연육도법
純一無雜梵行相 說應諦緣六度法

영득아뇩보리지 여시이만개동명
令得阿耨菩提智 如是二萬皆同名

최후팔자위법사 시시육서개여시
最後八子爲法師 是時六瑞皆如是

묘광보살구명존 문수미륵기이인
妙光菩薩求名尊 文殊彌勒豈異人

덕장견만대요설 지적상행무변행
德藏堅滿大樂說 智積上行無邊行

정행보살안립행 상불경사수왕화
淨行菩薩安立行 常不經士宿王華

일체중생희견인 묘음보살상행의
一切衆生喜見人 妙音菩薩上行意

장엄왕급화덕사 무진의여지지인
莊嚴王及華德士 無盡意與持地人

광조장엄약왕존 약왕보살보현존
光照莊嚴藥王尊 藥王菩薩普賢尊

상수삼세시방불 일월등명연등불
常隨三世十方佛 日月燈明燃燈佛

대통지승여래불 아촉불급수미정
大通智勝如來佛 阿閦佛及須彌頂

사자음불사자상 허공주불상명불
師子音佛師子相 虛空住佛常明佛

제상불여법상불 아미타불도고뇌
帝相佛與梵相佛 阿彌陀佛度苦惱

다마라불수미상 운자재불자재왕
多摩羅佛須彌相 雲自在佛自在王

괴포외불다보불 위음왕불일월등
壞怖畏佛多寶佛 威音王佛日月燈

운자재등정명덕 정화수왕운뢰음
雲自在燈淨明德 淨華宿王雲雷音

운뢰음수왕화지 보위덕상왕여래
雲雷音宿王華智 寶威德上王如來

여시제불제보살 이금당래설묘법
如是諸佛諸菩薩 已今當來說妙法

어차법회여시방 상수석가모니불
於此法會與十方 常隨釋迦牟尼佛

운집상종법회중 점돈신자용녀등
雲集相從法會中 漸頓身子龍女等

일우등주제수초 서품방편비유품
一雨等澍諸樹草 序品方便譬喩品

신해약초수기품 화성유품오백제
信解藥草授記品 化城喩品五百第

50

수학무학인기품　법사품여견보탑
授 學 無 學 人 記 品　法 師 品 與 見 寶 塔

제바달다여지품　안락행품종지용
提 婆 達 多 與 持 品　安 樂 行 品 從 地 涌

여래수량분별공　수희공덕법사공
如 來 壽 量 分 別 功　隨 喜 功 德 法 師 功

상불경품신력품　촉루약왕본사품
常 不 輕 品 神 力 品　囑 累 藥 王 本 事 品

묘음관음보문품　다라니품묘장엄
妙 音 觀 音 普 門 品　陀 羅 尼 品 妙 莊 嚴

보현보살권발품　이십팔품원만교
普 賢 菩 薩 勸 發 品　二 十 八 品 圓 滿 教

시위일승묘법문　지품별게개구족
是 爲 一 乘 妙 法 門　支 品 別 偈 皆 具 足

독송수지신해인　종불구생불의부
讀 誦 受 持 信 解 人　從 佛 口 生 佛 衣 覆

보현보살내수호　마귀제뇌개소제
普 賢 菩 薩 來 守 護　魔 鬼 諸 惱 皆 消 除

불탐세간심의직　유정억념유복덕
不 貪 世 間 心 意 直　有 正 億 念 有 福 德

망실구게영통리 불구당예도량중
忘失句偈令通利 不久當詣道場中

득대보리전법륜 시고견자여경불
得大菩提轉法輪 是故見者如敬佛

나무묘법연화경 영산회상불보살
南無妙法蓮華經 靈山會上佛菩薩

일승묘법연화경 보장보살약찬게
一乘妙法蓮華經 寶藏菩薩略纂偈

法華經 略纂偈

法華經 略纂偈
법 화 경 약 찬 게

一乘妙法蓮華經　寶藏菩薩略纂偈
일 승 묘 법 연 화 경　보 장 보 살 약 찬 게

南無華藏世界海　王舍城中耆闍窟
나 무 화 장 세 계 해　왕 사 성 중 기 사 굴

常住不滅釋迦尊　十方三世一切佛
상 주 불 멸 석 가 존　시 방 삼 세 일 체 불

種種因緣方便道　恒轉一乘妙法輪
종 종 인 연 방 편 도　항 전 일 승 묘 법 륜

與比丘衆萬二千　漏盡自在阿羅漢
여 비 구 중 만 이 천　누 진 자 재 아 라 한

阿若矯陳大迦葉　優樓頻那及伽倻
아 야 교 진 대 가 섭　우 루 빈 나 급 가 야

那提迦葉舍利弗　大目健連伽旃延
나 제 가 섭 사 리 불　대 목 건 련 가 전 연

阿㝹樓駄劫賓那　矯梵波提離婆多
아 누 루 타 겁 빈 나　교 범 바 제 이 바 다

畢陵伽婆縛狗羅　摩訶倶絺羅難陀
필　릉　가　바　박　구　라　　마　하　구　치　라　난　타

孫陀羅與富樓那　須菩提者與阿難
손　타　라　여　부　루　나　　수　보　리　자　여　아　난

羅睺羅等大比丘　摩訶婆闍婆提及
라　후　라　등　대　비　구　　마　하　파　사　파　제　급

羅睺羅母耶輸陀　比丘尼等二千人
라　후　라　모　야　수　다　　비　구　니　등　이　천　인

摩訶薩衆八萬人　文殊師利觀世音
마　하　살　중　팔　만　인　　문　수　사　리　관　세　음

得大勢與常精進　不休息及寶藏士
득　대　세　여　상　정　진　　불　휴　식　급　보　장　사

藥王勇施及寶月　月光滿月大力人
약　왕　용　시　급　보　월　　월　광　만　월　대　력　인

無量力與越三界　跋陀婆羅彌勒尊
무　량　력　여　월　삼　계　　발　타　바　라　미　륵　존

寶積導師諸菩薩　釋提桓因月天子
보　적　도　사　제　보　살　　석　제　환　인　월　천　자

普香寶光四天王　自在天子大自在
보　향　보　광　사　천　왕　　자　재　천　자　대　자　재

娑	婆	界	主	梵	天	王	尸	棄	大	梵	光	明	梵
사	바	계	주	범	천	왕	시	기	대	범	광	명	범

難	陀	龍	王	跋	難	陀	娑	伽	羅	王	和	修	吉
난	타	용	왕	발	난	타	사	가	라	왕	화	수	길

德	叉	阿	那	婆	達	多	摩	那	斯	龍	優	鉢	羅
덕	차	아	나	바	달	다	마	나	사	용	우	바	라

法	緊	那	羅	妙	法	王	大	法	緊	那	持	法	王
법	긴	나	라	묘	법	왕	대	법	긴	나	지	법	왕

樂	乾	闥	婆	樂	音	王	美	乾	闥	婆	美	音	王
악	건	달	바	악	음	왕	미	건	달	바	미	음	왕

婆	稚	佉	羅	乾	陀	王	毘	摩	質	多	羅	修	羅
바	치	거	라	건	타	왕	비	마	질	다	라	수	라

羅	睺	阿	修	羅	王	等	大	德	迦	樓	大	身	王
라	후	아	수	라	왕	등	대	덕	가	루	대	신	왕

大	滿	迦	樓	如	意	王	韋	提	希	子	阿	闍	世
대	만	가	루	여	의	왕	위	제	희	자	아	사	세

各	與	若	干	百	千	人	佛	爲	說	經	無	量	義
각	여	약	간	백	천	인	불	위	설	경	무	량	의

無	量	義	處	三	昧	中	天	雨	四	花	地	六	震
무	량	의	처	삼	매	중	천	우	사	화	지	육	진

四衆八部人非人　及諸小王轉輪王
사 중 팔 부 인 비 인　급 제 소 왕 전 륜 왕

諸大衆得未曾有　歡喜合掌心觀佛
제 대 중 득 미 증 유　환 희 합 장 심 관 불

佛放眉間白毫光　光照東方萬八千
불 방 미 간 백 호 광　광 조 동 방 만 팔 천

下至阿鼻上阿迦　衆生諸佛及菩薩
하 지 아 비 상 아 가　중 생 제 불 급 보 살

種種修行佛說法　涅槃起塔此悉見
종 종 수 행 불 설 법　열 반 기 탑 차 실 견

大衆疑念彌勒問　文殊師利爲決疑
대 중 의 념 미 륵 문　문 수 사 리 위 결 의

我於過去見此瑞　卽說妙法汝當知
아 어 과 거 견 차 서　즉 설 묘 법 여 당 지

時有日月燈明佛　爲說正法初中後
시 유 일 월 등 명 불　위 설 정 법 초 중 후

純一無雜梵行相　說應諦緣六度法
순 일 무 잡 범 행 상　설 응 제 연 육 도 법

令得阿耨菩提智　如是二萬皆同名
영 득 아 뇩 보 리 지　여 시 이 만 개 동 명

最後八子爲法師　是時六瑞皆如是
최 후 팔 자 위 법 사　시 시 육 서 개 여 시

妙光菩薩求名尊　文殊彌勒豈異人
묘 광 보 살 구 명 존　문 수 미 륵 기 이 인

德藏堅滿大樂說　智積上行無邊行
덕 장 견 만 대 요 설　지 적 상 행 무 변 행

淨行菩薩安立行　常不經士宿王華
정 행 보 살 안 립 행　상 불 경 사 수 왕 화

一切眾生喜見人　妙音菩薩上行意
일 체 중 생 희 견 인　묘 음 보 살 상 행 의

莊嚴王及華德士　無盡意與持地人
장 엄 왕 급 화 덕 사　무 진 의 여 지 지 인

光照莊嚴藥王尊　藥王菩薩普賢尊
광 조 장 엄 약 왕 존　약 왕 보 살 보 현 존

常隨三世十方佛　日月燈明燃燈佛
상 수 삼 세 시 방 불　일 월 등 명 연 등 불

大通智勝如來佛　阿閦佛及須彌頂
대 통 지 승 여 래 불　아 촉 불 급 수 미 정

師子音佛師子相　虛空住佛常明佛
사 자 음 불 사 자 상　허 공 주 불 상 명 불

帝相佛與梵相佛　阿彌陀佛度苦惱
제 상 불 여 범 상 불　아 미 타 불 도 고 뇌

多摩羅佛須彌相　雲自在佛自在王
다 마 라 불 수 미 상　운 자 재 불 자 재 왕

壞怖畏佛多寶佛　威音王佛日月燈
괴 포 외 불 다 보 불　위 음 왕 불 일 월 등

雲自在燈淨明德　淨華宿王雲雷音
운 자 재 등 정 명 덕　정 화 수 왕 운 뢰 음

雲雷音宿王華智　寶威德上王如來
운 뢰 음 수 왕 화 지　보 위 덕 상 왕 여 래

如是諸佛諸菩薩　已今當來說妙法
여 시 제 불 제 보 살　이 금 당 래 설 묘 법

於此法會與十方　常隨釋迦牟尼佛
어 차 법 회 여 시 방　상 수 석 가 모 니 불

雲集相從法會中　漸頓身子龍女等
운 집 상 종 법 회 중　점 돈 신 자 용 녀 등

一雨等澍諸樹草　序品方便譬喩品
일 우 등 주 제 수 초　서 품 방 편 비 유 품

信解藥草授記品　化城喩品五百第
신 해 약 초 수 기 품　화 성 유 품 오 백 제

授 學 無 學 人 記 品　法 師 品 與 見 寶 塔
수 학 무 학 인 기 품　법 사 품 여 견 보 탑

提 婆 達 多 與 持 品　安 樂 行 品 從 地 涌
제 바 달 다 여 지 품　안 락 행 품 종 지 용

如 來 壽 量 分 別 功　隨 喜 功 德 法 師 功
여 래 수 량 분 별 공　수 희 공 덕 법 사 공

常 不 輕 品 神 力 品　囑 累 藥 王 本 事 品
상 불 경 품 신 력 품　촉 루 약 왕 본 사 품

妙 音 觀 音 普 門 品　陀 羅 尼 品 妙 莊 嚴
묘 음 관 음 보 문 품　다 라 니 품 묘 장 엄

普 賢 菩 薩 勸 發 品　二 十 八 品 圓 滿 教
보 현 보 살 권 발 품　이 십 팔 품 원 만 교

是 爲 一 乘 妙 法 門　支 品 別 偈 皆 具 足
시 위 일 승 묘 법 문　지 품 별 게 개 구 족

讀 誦 受 持 信 解 人　從 佛 口 生 佛 衣 覆
독 송 수 지 신 해 인　종 불 구 생 불 의 부

普 賢 菩 薩 來 守 護　魔 鬼 諸 惱 皆 消 除
보 현 보 살 내 수 호　마 귀 제 뇌 개 소 제

不 貪 世 間 心 意 直　有 正 億 念 有 福 德
불 탐 세 간 심 의 직　유 정 억 념 유 복 덕

忘失句偈令通利　不久當詣道場中
망 실 구 게 영 통 리　불 구 당 예 도 량 중

得大菩提轉法輪　是故見者如敬佛
득 대 보 리 전 법 륜　시 고 견 자 여 경 불

南無妙法蓮華經　靈山會上佛菩薩
나 무 묘 법 연 화 경　영 산 회 상 불 보 살

一乘妙法蓮華經　寶藏菩薩略纂偈
일 승 묘 법 연 화 경　보 장 보 살 약 찬 게

法華經 略纂偈
법화경 약찬게

一乘妙法蓮華經　　寶藏菩薩略纂偈
일승묘법연화경　　보장보살약찬게

南無華藏世界海　　王舍城中耆闍窟
나무화장세계해　　왕사성중기사굴

常住不滅釋迦尊　　十方三世一切佛
상주불멸석가존　　시방삼세일체불

種種因緣方便道　　恒轉一乘妙法輪
종종인연방편도　　항전일승묘법륜

與比丘衆萬二千　　漏盡自在阿羅漢
여비구중만이천　　누진자재아라한

阿若憍陳大迦葉　　優樓頻那及伽倻
아야교진대가섭　　우루빈나급가야

那提迦葉舍利弗　　大目健連伽㫋延
나제가섭사리불　　대목건련가전연

阿㝹樓馱劫賓那　　憍梵波提離婆多
아누루타겁빈나　　교범바제이바다

畢陵伽婆縛狗羅　摩訶俱絺羅難陀
필 릉 가 바 박 구 라　마 하 구 치 라 난 타

孫陀羅與富樓那　須菩提者與阿難
손 타 라 여 부 루 나　수 보 리 자 여 아 난

羅睺羅等大比丘　摩訶婆闍婆提及
라 후 라 등 대 비 구　마 하 파 사 파 제 급

羅睺羅母耶輸陀　比丘尼等二千人
라 후 라 모 야 수 다　비 구 니 등 이 천 인

摩訶薩衆八萬人　文殊師利觀世音
마 하 살 중 팔 만 인　문 수 사 리 관 세 음

得大勢與常精進　不休息及寶藏士
득 대 세 여 상 정 진　불 휴 식 급 보 장 사

藥王勇施及寶月　月光滿月大力人
약 왕 용 시 급 보 월　월 광 만 월 대 력 인

無量力與越三界　跋陀婆羅彌勒尊
무 량 력 여 월 삼 계　발 타 바 라 미 륵 존

寶積導師諸菩薩　釋提桓因月天子
보 적 도 사 제 보 살　석 제 환 인 월 천 자

普香寶光四天王　自在天子大自在
보 향 보 광 사 천 왕　자 재 천 자 대 자 재

娑婆界主梵天王　尸棄大梵光明梵
사 바 계 주 범 천 왕　시 기 대 범 광 명 범

難陀龍王跋難陀　娑伽羅王和修吉
난 타 용 왕 발 난 타　사 가 라 왕 화 수 길

德叉阿那婆達多　摩那斯龍優鉢羅
덕 차 아 나 바 달 다　마 나 사 용 우 바 라

法緊那羅妙法王　大法緊那持法王
법 긴 나 라 묘 법 왕　대 법 긴 나 지 법 왕

樂乾闥婆樂音王　美乾闥婆美音王
악 건 달 바 악 음 왕　미 건 달 바 미 음 왕

婆稚佉羅乾陀王　毘摩質多羅修羅
바 치 거 라 건 타 왕　비 마 질 다 라 수 라

羅睺阿修羅王等　大德迦樓大身王
라 후 아 수 라 왕 등　대 덕 가 루 대 신 왕

大滿迦樓如意王　韋提希子阿闍世
대 만 가 루 여 의 왕　위 제 희 자 아 사 세

各與若干百千人　佛爲說經無量義
각 여 약 간 백 천 인　불 위 설 경 무 량 의

無量義處三昧中　天雨四花地六震
무 량 의 처 삼 매 중　천 우 사 화 지 육 진

四衆八部人非人　及諸小王轉輪王
사　중　팔　부　인　비　인　급　제　소　왕　전　륜　왕

諸大衆得未曾有　歡喜合掌心觀佛
제　대　중　득　미　증　유　환　희　합　장　심　관　불

佛放眉間白毫光　光照東方萬八千
불　방　미　간　백　호　광　광　조　동　방　만　팔　천

下至阿鼻上阿迦　衆生諸佛及菩薩
하　지　아　비　상　아　가　중　생　제　불　급　보　살

種種修行佛說法　涅槃起塔此悉見
종　종　수　행　불　설　법　열　반　기　탑　차　실　견

大衆疑念彌勒問　文殊師利爲決疑
대　중　의　념　미　륵　문　문　수　사　리　위　결　의

我於過去見此瑞　卽說妙法汝當知
아　어　과　거　견　차　서　즉　설　묘　법　여　당　지

時有日月燈明佛　爲說正法初中後
시　유　일　월　등　명　불　위　설　정　법　초　중　후

純一無雜梵行相　說應諦緣六度法
순　일　무　잡　범　행　상　설　응　제　연　육　도　법

令得阿耨菩提智　如是二萬皆同名
영　득　아　녹　보　리　지　여　시　이　만　개　동　명

最後八子爲法師　是時六瑞皆如是
최　후　팔　자　위　법　사　시　시　육　서　개　여　시

妙光菩薩求名尊　文殊彌勒豈異人
묘　광　보　살　구　명　존　문　수　미　륵　기　이　인

德藏堅滿大樂說　智積上行無邊行
덕　장　견　만　대　요　설　지　적　상　행　무　변　행

淨行菩薩安立行　常不經士宿王華
정　행　보　살　안　립　행　상　불　경　사　수　왕　화

一切衆生喜見人　妙音菩薩上行意
일　체　중　생　희　견　인　묘　음　보　살　상　행　의

莊嚴王及華德士　無盡意與持地人
장　엄　왕　급　화　덕　사　무　진　의　여　지　지　인

光照莊嚴藥王尊　藥王菩薩普賢尊
광　조　장　엄　약　왕　존　약　왕　보　살　보　현　존

常隨三世十方佛　日月燈明燃燈佛
상　수　삼　세　시　방　불　일　월　등　명　연　등　불

大通智勝如來佛　阿閦佛及須彌頂
대　통　지　승　여　래　불　아　촉　불　급　수　미　정

師子音佛師子相　虛空住佛常明佛
사　자　음　불　사　자　상　허　공　주　불　상　명　불

帝相佛與梵相佛　阿彌陀佛度苦惱
제 상 불 여 범 상 불　아 미 타 불 도 고 뇌

多摩羅佛須彌相　雲自在佛自在王
다 마 라 불 수 미 상　운 자 재 불 자 재 왕

壞怖畏佛多寶佛　威音王佛日月燈
괴 포 외 불 다 보 불　위 음 왕 불 일 월 등

雲自在燈淨明德　淨華宿王雲雷音
운 자 재 등 정 명 덕　정 화 수 왕 운 뢰 음

雲雷音宿王華智　寶威德上王如來
운 뢰 음 수 왕 화 지　보 위 덕 상 왕 여 래

如是諸佛諸菩薩　已今當來說妙法
여 시 제 불 제 보 살　이 금 당 래 설 묘 법

於此法會與十方　常隨釋迦牟尼佛
어 차 법 회 여 시 방　상 수 석 가 모 니 불

雲集相從法會中　漸頓身子龍女等
운 집 상 종 법 회 중　점 돈 신 자 용 녀 등

一雨等澍諸樹草　序品方便譬喩品
일 우 등 주 제 수 초　서 품 방 편 비 유 품

信解藥草授記品　化城喩品五百第
신 해 약 초 수 기 품　화 성 유 품 오 백 제

授學無學人記品　法師品與見寶塔
수　학　무　학　인　기　품　법　사　품　여　견　보　탑

提婆達多與持品　安樂行品從地涌
제　바　달　다　여　지　품　안　락　행　품　종　지　용

如來壽量分別功　隨喜功德法師功
여　래　수　량　분　별　공　수　희　공　덕　법　사　공

常不輕品神力品　囑累藥王本事品
상　불　경　품　신　력　품　촉　루　약　왕　본　사　품

妙音觀音普門品　陀羅尼品妙莊嚴
묘　음　관　음　보　문　품　다　라　니　품　묘　장　엄

普賢菩薩勸發品　二十八品圓滿敎
보　현　보　살　권　발　품　이　십　팔　품　원　만　교

是爲一乘妙法門　支品別偈皆具足
시　위　일　승　묘　법　문　지　품　별　게　개　구　족

讀誦受持信解人　從佛口生佛衣覆
독　송　수　지　신　해　인　종　불　구　생　불　의　부

普賢菩薩來守護　魔鬼諸惱皆消除
보　현　보　살　내　수　호　마　귀　제　뇌　개　소　제

不貪世間心意直　有正億念有福德
불　탐　세　간　심　의　직　유　정　억　념　유　복　덕

忘失句偈令通利　不久當詣道場中
망 실 구 게 영 통 리　불 구 당 예 도 량 중

得大菩提轉法輪　是故見者如敬佛
득 대 보 리 전 법 륜　시 고 견 자 여 경 불

南無妙法蓮華經　靈山會上佛菩薩
나 무 묘 법 연 화 경　영 산 회 상 불 보 살

一乘妙法蓮華經　寶藏菩薩略纂偈
일 승 묘 법 연 화 경　보 장 보 살 약 찬 게

法華經 略纂偈
법화경 약찬게

一乘妙法蓮華經　寶藏菩薩略纂偈
일 승 묘 법 연 화 경　보 장 보 살 약 찬 게

南無華藏世界海　王舍城中耆闍窟
나 무 화 장 세 계 해　왕 사 성 중 기 사 굴

常住不滅釋迦尊　十方三世一切佛
상 주 불 멸 석 가 존　시 방 삼 세 일 체 불

種種因緣方便道　恒轉一乘妙法輪
종 종 인 연 방 편 도　항 전 일 승 묘 법 륜

與比丘衆萬二千　漏盡自在阿羅漢
여 비 구 중 만 이 천　누 진 자 재 아 라 한

阿若憍陳大迦葉　優樓頻那及伽倻
아 야 교 진 대 가 섭　우 루 빈 나 급 가 야

那提迦葉舍利弗　大目健連伽旃延
나 제 가 섭 사 리 불　대 목 건 련 가 전 연

阿㝹樓馱劫賓那　憍梵波提離婆多
아 누 루 타 겁 빈 나　교 범 바 제 이 바 다

畢陵伽婆縛狗羅　摩訶俱絺羅難陀
필 릉 가 바 박 구 라　마 하 구 치 라 난 타

孫陀羅與富樓那　須菩提者與阿難
손 타 라 여 부 루 나　수 보 리 자 여 아 난

羅睺羅等大比丘　摩訶婆闍婆提及
라 후 라 등 대 비 구　마 하 파 사 파 제 급

羅睺羅母耶輸陀　比丘尼等二千人
라 후 라 모 야 수 다　비 구 니 등 이 천 인

摩訶薩衆八萬人　文殊師利觀世音
마 하 살 중 팔 만 인　문 수 사 리 관 세 음

得大勢與常精進　不休息及寶藏士
득 대 세 여 상 정 진　불 휴 식 급 보 장 사

藥王勇施及寶月　月光滿月大力人
약 왕 용 시 급 보 월　월 광 만 월 대 력 인

無量力與越三界　跋陀婆羅彌勒尊
무 량 력 여 월 삼 계　발 타 바 라 미 륵 존

寶積導師諸菩薩　釋提桓因月天子
보 적 도 사 제 보 살　석 제 환 인 월 천 자

普香寶光四天王　自在天子大自在
보 향 보 광 사 천 왕　자 재 천 자 대 자 재

娑婆界主梵天王　尸棄大梵光明梵
사 바 계 주 범 천 왕　시 기 대 범 광 명 범

難陀龍王跋難陀　娑伽羅王和修吉
난 타 용 왕 발 난 타　사 가 라 왕 화 수 길

德叉阿那婆達多　摩那斯龍優鉢羅
덕 차 아 나 바 달 다　마 나 사 용 우 바 라

法緊那羅妙法王　大法緊那持法王
법 긴 나 라 묘 법 왕　대 법 긴 나 지 법 왕

樂乾闥婆樂音王　美乾闥婆美音王
악 건 달 바 악 음 왕　미 건 달 바 미 음 왕

婆稚佉羅乾陀王　毘摩質多羅修羅
바 치 거 라 건 타 왕　비 마 질 다 라 수 라

羅睺阿修羅王等　大德迦樓大身王
라 후 아 수 라 왕 등　대 덕 가 루 대 신 왕

大滿迦樓如意王　韋提希子阿闍世
대 만 가 루 여 의 왕　위 제 희 자 아 사 세

各與若干百千人　佛爲說經無量義
각 여 약 간 백 천 인　불 위 설 경 무 량 의

無量義處三昧中　天雨四花地六震
무 량 의 처 삼 매 중　천 우 사 화 지 육 진

四衆八部人非人 及諸小王轉輪王
사 중 팔 부 인 비 인　급 제 소 왕 전 륜 왕

諸大衆得未曾有 歡喜合掌心觀佛
제 대 중 득 미 증 유　환 희 합 장 심 관 불

佛放眉間白毫光 光照東方萬八千
불 방 미 간 백 호 광　광 조 동 방 만 팔 천

下至阿鼻上阿迦 衆生諸佛及菩薩
하 지 아 비 상 아 가　중 생 제 불 급 보 살

種種修行佛說法 涅槃起塔此悉見
종 종 수 행 불 설 법　열 반 기 탑 차 실 견

大衆疑念彌勒問 文殊師利爲決疑
대 중 의 념 미 륵 문　문 수 사 리 위 결 의

我於過去見此瑞 卽說妙法汝當知
아 어 과 거 견 차 서　즉 설 묘 법 여 당 지

時有日月燈明佛 爲說正法初中後
시 유 일 월 등 명 불　위 설 정 법 초 중 후

純一無雜梵行相 說應諦緣六度法
순 일 무 잡 범 행 상　설 응 제 연 육 도 법

令得阿耨菩提智 如是二萬皆同名
영 득 아 녹 보 리 지　여 시 이 만 개 동 명

最後八子爲法師　是時六瑞皆如是
최 후 팔 자 위 법 사　시 시 육 서 개 여 시

妙光菩薩求名尊　文殊彌勒豈異人
묘 광 보 살 구 명 존　문 수 미 륵 기 이 인

德藏堅滿大樂說　智積上行無邊行
덕 장 견 만 대 요 설　지 적 상 행 무 변 행

淨行菩薩安立行　常不經士宿王華
정 행 보 살 안 립 행　상 불 경 사 수 왕 화

一切衆生喜見人　妙音菩薩上行意
일 체 중 생 희 견 인　묘 음 보 살 상 행 의

莊嚴王及華德士　無盡意與持地人
장 엄 왕 급 화 덕 사　무 진 의 여 지 지 인

光照莊嚴藥王尊　藥王菩薩普賢尊
광 조 장 엄 약 왕 존　약 왕 보 살 보 현 존

常隨三世十方佛　日月燈明燃燈佛
상 수 삼 세 시 방 불　일 월 등 명 연 등 불

大通智勝如來佛　阿閦佛及須彌頂
대 통 지 승 여 래 불　아 촉 불 급 수 미 정

師子音佛師子相　虛空住佛常明佛
사 자 음 불 사 자 상　허 공 주 불 상 명 불

帝相佛與梵相佛　阿彌陀佛度苦惱
제 상 불 여 범 상 불　아 미 타 불 도 고 뇌

多摩羅佛須彌相　雲自在佛自在王
다 마 라 불 수 미 상　운 자 재 불 자 재 왕

壞怖畏佛多寶佛　威音王佛日月燈
괴 포 외 불 다 보 불　위 음 왕 불 일 월 등

雲自在燈淨明德　淨華宿王雲雷音
운 자 재 등 정 명 덕　정 화 수 왕 운 뢰 음

雲雷音宿王華智　寶威德上王如來
운 뢰 음 수 왕 화 지　보 위 덕 상 왕 여 래

如是諸佛諸菩薩　已今當來說妙法
여 시 제 불 제 보 살　이 금 당 래 설 묘 법

於此法會與十方　常隨釋迦牟尼佛
어 차 법 회 여 시 방　상 수 석 가 모 니 불

雲集相從法會中　漸頓身子龍女等
운 집 상 종 법 회 중　점 돈 신 자 용 녀 등

一雨等澍諸樹草　序品方便譬喩品
일 우 등 주 제 수 초　서 품 방 편 비 유 품

信解藥草授記品　化城喩品五百第
신 해 약 초 수 기 품　화 성 유 품 오 백 제

授學無學人記品　法師品與見寶塔
수　학　무　학　인　기　품　　법　사　품　여　견　보　탑

提婆達多與持品　安樂行品從地涌
제　바　달　다　여　지　품　　안　락　행　품　종　지　용

如來壽量分別功　隨喜功德法師功
여　래　수　량　분　별　공　　수　희　공　덕　법　사　공

常不輕品神力品　囑累藥王本事品
상　불　경　품　신　력　품　　촉　루　약　왕　본　사　품

妙音觀音普門品　陀羅尼品妙莊嚴
묘　음　관　음　보　문　품　　다　라　니　품　묘　장　엄

普賢菩薩勸發品　二十八品圓滿敎
보　현　보　살　권　발　품　　이　십　팔　품　원　만　교

是爲一乘妙法門　支品別偈皆具足
시　위　일　승　묘　법　문　　지　품　별　게　개　구　족

讀誦受持信解人　從佛口生佛衣覆
독　송　수　지　신　해　인　　종　불　구　생　불　의　부

普賢菩薩來守護　魔鬼諸惱皆消除
보　현　보　살　내　수　호　　마　귀　제　뇌　개　소　제

不貪世間心意直　有正億念有福德
불　탐　세　간　심　의　직　　유　정　억　념　유　복　덕

忘失句偈令通利　不久當詣道場中
망 실 구 게 영 통 리　불 구 당 예 도 량 중

得大菩提轉法輪　是故見者如敬佛
득 대 보 리 전 법 륜　시 고 견 자 여 경 불

南無妙法蓮華經　靈山會上佛菩薩
나 무 묘 법 연 화 경　영 산 회 상 불 보 살

一乘妙法蓮華經　寶藏菩薩略纂偈
일 승 묘 법 연 화 경　보 장 보 살 약 찬 게

法華經 略纂偈
법 화 경 약 찬 게

一乘妙法蓮華經　寶藏菩薩略纂偈
일 승 묘 법 연 화 경 　 보 장 보 살 약 찬 게

南無華藏世界海　王舍城中耆闍窟
나 무 화 장 세 계 해 　 왕 사 성 중 기 사 굴

常住不滅釋迦尊　十方三世一切佛
상 주 불 멸 석 가 존 　 시 방 삼 세 일 체 불

種種因緣方便道　恒轉一乘妙法輪
종 종 인 연 방 편 도 　 항 전 일 승 묘 법 륜

與比丘衆萬二千　漏盡自在阿羅漢
여 비 구 중 만 이 천 　 누 진 자 재 아 라 한

阿若矯陳大迦葉　優樓頻那及伽倻
아 야 교 진 대 가 섭 　 우 루 빈 나 급 가 야

那提迦葉舍利弗　大目健連伽旃延
나 제 가 섭 사 리 불 　 대 목 건 련 가 전 연

阿㝹樓馱劫賓那　矯梵波提離婆多
아 누 루 타 겁 빈 나 　 교 범 바 제 이 바 다

畢陵伽婆縛狗羅　摩訶俱絺羅難陀
필 릉 가 바 박 구 라　마 하 구 치 라 난 타

孫陀羅與富樓那　須菩提者與阿難
손 타 라 여 부 루 나　수 보 리 자 여 아 난

羅睺羅等大比丘　摩訶婆闍婆提及
라 후 라 등 대 비 구　마 하 파 사 파 제 급

羅睺羅母耶輸陀　比丘尼等二千人
라 후 라 모 야 수 다　비 구 니 등 이 천 인

摩訶薩衆八萬人　文殊師利觀世音
마 하 살 중 팔 만 인　문 수 사 리 관 세 음

得大勢與常精進　不休息及寶藏士
득 대 세 여 상 정 진　불 휴 식 급 보 장 사

藥王勇施及寶月　月光滿月大力人
약 왕 용 시 급 보 월　월 광 만 월 대 력 인

無量力與越三界　跋陀婆羅彌勒尊
무 량 력 여 월 삼 계　발 타 바 라 미 륵 존

寶積導師諸菩薩　釋提桓因月天子
보 적 도 사 제 보 살　석 제 환 인 월 천 자

普香寶光四天王　自在天子大自在
보 향 보 광 사 천 왕　자 재 천 자 대 자 재

婆婆界主梵天王　尸棄大梵光明梵
사 바 계 주 범 천 왕　시 기 대 범 광 명 범

難陀龍王跋難陀　婆伽羅王和修吉
난 타 용 왕 발 난 타　사 가 라 왕 화 수 길

德叉阿那婆達多　摩那斯龍優鉢羅
덕 차 아 나 바 달 다　마 나 사 용 우 바 라

法緊那羅妙法王　大法緊那持法王
법 긴 나 라 묘 법 왕　대 법 긴 나 지 법 왕

樂乾闥婆樂音王　美乾闥婆美音王
악 건 달 바 악 음 왕　미 건 달 바 미 음 왕

婆稚佉羅乾陀王　毘摩質多羅修羅
바 치 거 라 건 타 왕　비 마 질 다 라 수 라

羅睺阿修羅王等　大德迦樓大身王
라 후 아 수 라 왕 등　대 덕 가 루 대 신 왕

大滿迦樓如意王　韋提希子阿闍世
대 만 가 루 여 의 왕　위 제 희 자 아 사 세

各與若干百千人　佛爲說經無量義
각 여 약 간 백 천 인　불 위 설 경 무 량 의

無量義處三昧中　天雨四花地六震
무 량 의 처 삼 매 중　천 우 사 화 지 육 진

四衆八部人非人 及諸小王轉輪王
사 중 팔 부 인 비 인　급 제 소 왕 전 륜 왕

諸大衆得未曾有 歡喜合掌心觀佛
제 대 중 득 미 증 유　환 희 합 장 심 관 불

佛放眉間白毫光 光照東方萬八千
불 방 미 간 백 호 광　광 조 동 방 만 팔 천

下至阿鼻上阿迦 衆生諸佛及菩薩
하 지 아 비 상 아 가　중 생 제 불 급 보 살

種種修行佛說法 涅槃起塔此悉見
종 종 수 행 불 설 법　열 반 기 탑 차 실 견

大衆疑念彌勒問 文殊師利爲決疑
대 중 의 념 미 륵 문　문 수 사 리 위 결 의

我於過去見此瑞 卽說妙法汝當知
아 어 과 거 견 차 서　즉 설 묘 법 여 당 지

時有日月燈明佛 爲說正法初中後
시 유 일 월 등 명 불　위 설 정 법 초 중 후

純一無雜梵行相 說應諦緣六度法
순 일 무 잡 범 행 상　설 응 제 연 육 도 법

令得阿耨菩提智 如是二萬皆同名
영 득 아 녹 보 리 지　여 시 이 만 개 동 명

最後八子爲法師　是時六瑞皆如是
최　후　팔　자　위　법　사　　시　시　육　서　개　여　시

妙光菩薩求名尊　文殊彌勒豈異人
묘　광　보　살　구　명　존　　문　수　미　륵　기　이　인

德藏堅滿大樂說　智積上行無邊行
덕　장　견　만　대　요　설　　지　적　상　행　무　변　행

淨行菩薩安立行　常不經士宿王華
정　행　보　살　안　립　행　　상　불　경　사　수　왕　화

一切衆生喜見人　妙音菩薩上行意
일　체　중　생　희　견　인　　묘　음　보　살　상　행　의

莊嚴王及華德士　無盡意與持地人
장　엄　왕　급　화　덕　사　　무　진　의　여　지　지　인

光照莊嚴藥王尊　藥王菩薩普賢尊
광　조　장　엄　약　왕　존　　약　왕　보　살　보　현　존

常隨三世十方佛　日月燈明燃燈佛
상　수　삼　세　시　방　불　　일　월　등　명　연　등　불

大通智勝如來佛　阿閦佛及須彌頂
대　통　지　승　여　래　불　　아　촉　불　급　수　미　정

師子音佛師子相　虛空住佛常明佛
사　자　음　불　사　자　상　　허　공　주　불　상　명　불

帝相佛與梵相佛　阿彌陀佛度苦惱
제　상　불　여　범　상　불　아　미　타　불　도　고　뇌

多摩羅佛須彌相　雲自在佛自在王
다　마　라　불　수　미　상　운　자　재　불　자　재　왕

壞怖畏佛多寶佛　威音王佛日月燈
괴　포　외　불　다　보　불　위　음　왕　불　일　월　등

雲自在燈淨明德　淨華宿王雲雷音
운　자　재　등　정　명　덕　정　화　수　왕　운　뢰　음

雲雷音宿王華智　寶威德上王如來
운　뢰　음　수　왕　화　지　보　위　덕　상　왕　여　래

如是諸佛諸菩薩　已今當來說妙法
여　시　제　불　제　보　살　이　금　당　래　설　묘　법

於此法會與十方　常隨釋迦牟尼佛
어　차　법　회　여　시　방　상　수　석　가　모　니　불

雲集相從法會中　漸頓身子龍女等
운　집　상　종　법　회　중　점　돈　신　자　용　녀　등

一雨等澍諸樹草　序品方便譬喩品
일　우　등　주　제　수　초　서　품　방　편　비　유　품

信解藥草授記品　化城喩品五百第
신　해　약　초　수　기　품　화　성　유　품　오　백　제

84

授學無學人記品　法師品與見寶塔
수 학 무 학 인 기 품　법 사 품 여 견 보 탑

提婆達多與持品　安樂行品從地涌
제 바 달 다 여 지 품　안 락 행 품 종 지 용

如來壽量分別功　隨喜功德法師功
여 래 수 량 분 별 공　수 희 공 덕 법 사 공

常不輕品神力品　囑累藥王本事品
상 불 경 품 신 력 품　촉 루 약 왕 본 사 품

妙音觀音普門品　陀羅尼品妙莊嚴
묘 음 관 음 보 문 품　다 라 니 품 묘 장 엄

普賢菩薩勸發品　二十八品圓滿敎
보 현 보 살 권 발 품　이 십 팔 품 원 만 교

是爲一乘妙法門　支品別偈皆具足
시 위 일 승 묘 법 문　지 품 별 게 개 구 족

讀誦受持信解人　從佛口生佛衣覆
독 송 수 지 신 해 인　종 불 구 생 불 의 부

普賢菩薩來守護　魔鬼諸惱皆消除
보 현 보 살 내 수 호　마 귀 제 뇌 개 소 제

不貪世間心意直　有正億念有福德
불 탐 세 간 심 의 직　유 정 억 념 유 복 덕

忘失句偈令通利 不久當詣道場中
망 실 구 게 영 통 리 　 불 구 당 예 도 량 중

得大菩提轉法輪 是故見者如敬佛
득 대 보 리 전 법 륜 　 시 고 견 자 여 경 불

南無妙法蓮華經 靈山會上佛菩薩
나 무 묘 법 연 화 경 　 영 산 회 상 불 보 살

一乘妙法蓮華經 寶藏菩薩略纂偈
일 승 묘 법 연 화 경 　 보 장 보 살 약 찬 게

法華經 略纂偈
법 화 경 약 찬 게

一乘妙法蓮華經　寶藏菩薩略纂偈
일 승 묘 법 연 화 경　보 장 보 살 약 찬 게

南無華藏世界海　王舍城中耆闍窟
나 무 화 장 세 계 해　왕 사 성 중 기 사 굴

常住不滅釋迦尊　十方三世一切佛
상 주 불 멸 석 가 존　시 방 삼 세 일 체 불

種種因緣方便道　恒轉一乘妙法輪
종 종 인 연 방 편 도　항 전 일 승 묘 법 륜

與比丘衆萬二千　漏盡自在阿羅漢
여 비 구 중 만 이 천　누 진 자 재 아 라 한

阿若矯陳大迦葉　優樓頻那及伽倻
아 야 교 진 대 가 섭　우 루 빈 나 급 가 야

那提迦葉舍利弗　大目健連伽旃延
나 제 가 섭 사 리 불　대 목 건 련 가 전 연

阿㝹樓馱劫賓那　矯梵波提離婆多
아 누 루 타 겁 빈 나　교 범 바 제 이 바 다

畢陵伽婆縛狗羅　摩訶俱絺羅難陀
필릉가바박구라　마하구치라난타

孫陀羅與富樓那　須菩提者與阿難
손타라여부루나　수보리자여아난

羅睺羅等大比丘　摩訶婆闍婆提及
라후라등대비구　마하파사파제급

羅睺羅母耶輸陀　比丘尼等二千人
라후라모야수다　비구니등이천인

摩訶薩衆八萬人　文殊師利觀世音
마하살중팔만인　문수사리관세음

得大勢與常精進　不休息及寶藏士
득대세여상정진　불휴식급보장사

藥王勇施及寶月　月光滿月大力人
약왕용시급보월　월광만월대력인

無量力與越三界　跋陀婆羅彌勒尊
무량력여월삼계　발타바라미륵존

寶積導師諸菩薩　釋提桓因月天子
보적도사제보살　석제환인월천자

普香寶光四天王　自在天子大自在
보향보광사천왕　자재천자대자재

88

娑婆界主梵天王　尸棄大梵光明梵
사 바 계 주 범 천 왕　시 기 대 범 광 명 범

難陀龍王跋難陀　娑伽羅王和修吉
난 타 용 왕 발 난 타　사 가 라 왕 화 수 길

德叉阿那婆達多　摩那斯龍優鉢羅
덕 차 아 나 바 달 다　마 나 사 용 우 바 라

法緊那羅妙法王　大法緊那持法王
법 긴 나 라 묘 법 왕　대 법 긴 나 지 법 왕

樂乾闥婆樂音王　美乾闥婆美音王
악 건 달 바 악 음 왕　미 건 달 바 미 음 왕

婆稚佉羅乾陀王　毘摩質多羅修羅
바 치 거 라 건 타 왕　비 마 질 다 라 수 라

羅睺阿修羅王等　大德迦樓大身王
라 후 아 수 라 왕 등　대 덕 가 루 대 신 왕

大滿迦樓如意王　韋提希子阿闍世
대 만 가 루 여 의 왕　위 제 희 자 아 사 세

各與若干百千人　佛爲說經無量義
각 여 약 간 백 천 인　불 위 설 경 무 량 의

無量義處三昧中　天雨四花地六震
무 량 의 처 삼 매 중　천 우 사 화 지 육 진

四衆八部人非人　及諸小王轉輪王
사 중 팔 부 인 비 인　급 제 소 왕 전 륜 왕

諸大衆得未曾有　歡喜合掌心觀佛
제 대 중 득 미 증 유　환 희 합 장 심 관 불

佛放眉間白毫光　光照東方萬八千
불 방 미 간 백 호 광　광 조 동 방 만 팔 천

下至阿鼻上阿迦　衆生諸佛及菩薩
하 지 아 비 상 아 가　중 생 제 불 급 보 살

種種修行佛說法　涅槃起塔此悉見
종 종 수 행 불 설 법　열 반 기 탑 차 실 견

大衆疑念彌勒問　文殊師利爲決疑
대 중 의 념 미 륵 문　문 수 사 리 위 결 의

我於過去見此瑞　卽說妙法汝當知
아 어 과 거 견 차 서　즉 설 묘 법 여 당 지

時有日月燈明佛　爲說正法初中後
시 유 일 월 등 명 불　위 설 정 법 초 중 후

純一無雜梵行相　說應諦緣六度法
순 일 무 잡 범 행 상　설 응 제 연 육 도 법

令得阿耨菩提智　如是二萬皆同名
영 득 아 녹 보 리 지　여 시 이 만 개 동 명

最後八子爲法師　是時六瑞皆如是
최　후　팔　자　위　법　사　시　시　육　서　개　여　시

妙光菩薩求名尊　文殊彌勒豈異人
묘　광　보　살　구　명　존　문　수　미　륵　기　이　인

德藏堅滿大樂說　智積上行無邊行
덕　장　견　만　대　요　설　지　적　상　행　무　변　행

淨行菩薩安立行　常不經士宿王華
정　행　보　살　안　립　행　상　불　경　사　수　왕　화

一切衆生喜見人　妙音菩薩上行意
일　체　중　생　희　견　인　묘　음　보　살　상　행　의

莊嚴王及華德士　無盡意與持地人
장　엄　왕　급　화　덕　사　무　진　의　여　지　지　인

光照莊嚴藥王尊　藥王菩薩普賢尊
광　조　장　엄　약　왕　존　약　왕　보　살　보　현　존

常隨三世十方佛　日月燈明燃燈佛
상　수　삼　세　시　방　불　일　월　등　명　연　등　불

大通智勝如來佛　阿閦佛及須彌頂
대　통　지　승　여　래　불　아　촉　불　급　수　미　정

師子音佛師子相　虛空住佛常明佛
사　자　음　불　사　자　상　허　공　주　불　상　명　불

帝相佛與梵相佛　阿彌陀佛度苦惱
제　상　불　여　범　상　불　　아　미　타　불　도　고　뇌

多摩羅佛須彌相　雲自在佛自在王
다　마　라　불　수　미　상　　운　자　재　불　자　재　왕

壞怖畏佛多寶佛　威音王佛日月燈
괴　포　외　불　다　보　불　　위　음　왕　불　일　월　등

雲自在燈淨明德　淨華宿王雲雷音
운　자　재　등　정　명　덕　　정　화　수　왕　운　뢰　음

雲雷音宿王華智　寶威德上王如來
운　뢰　음　수　왕　화　지　　보　위　덕　상　왕　여　래

如是諸佛諸菩薩　已今當來說妙法
여　시　제　불　제　보　살　　이　금　당　래　설　묘　법

於此法會與十方　常隨釋迦牟尼佛
어　차　법　회　여　시　방　　상　수　석　가　모　니　불

雲集相從法會中　漸頓身子龍女等
운　집　상　종　법　회　중　　점　돈　신　자　용　녀　등

一雨等澍諸樹草　序品方便譬喩品
일　우　등　주　제　수　초　　서　품　방　편　비　유　품

信解藥草授記品　化城喩品五百第
신　해　약　초　수　기　품　　화　성　유　품　오　백　제

授學無學人記品　法師品與見寶塔
수 학 무 학 인 기 품　법 사 품 여 견 보 탑

提婆達多與持品　安樂行品從地涌
제 바 달 다 여 지 품　안 락 행 품 종 지 용

如來壽量分別功　隨喜功德法師功
여 래 수 량 분 별 공　수 희 공 덕 법 사 공

常不輕品神力品　囑累藥王本事品
상 불 경 품 신 력 품　촉 루 약 왕 본 사 품

妙音觀音普門品　陀羅尼品妙莊嚴
묘 음 관 음 보 문 품　다 라 니 품 묘 장 엄

普賢菩薩勸發品　二十八品圓滿教
보 현 보 살 권 발 품　이 십 팔 품 원 만 교

是爲一乘妙法門　支品別偈皆具足
시 위 일 승 묘 법 문　지 품 별 게 개 구 족

讀誦受持信解人　從佛口生佛衣覆
독 송 수 지 신 해 인　종 불 구 생 불 의 부

普賢菩薩來守護　魔鬼諸惱皆消除
보 현 보 살 내 수 호　마 귀 제 뇌 개 소 제

不貪世間心意直　有正億念有福德
불 탐 세 간 심 의 직　유 정 억 념 유 복 덕

忘失句偈令通利　不久當詣道場中
망 실 구 게 영 통 리　불 구 당 예 도 량 중

得大菩提轉法輪　是故見者如敬佛
득 대 보 리 전 법 륜　시 고 견 자 여 경 불

南無妙法蓮華經　靈山會上佛菩薩
나 무 묘 법 연 화 경　영 산 회 상 불 보 살

一乘妙法蓮華經　寶藏菩薩略纂偈
일 승 묘 법 연 화 경　보 장 보 살 약 찬 게

법화경 약찬게 사경

초판 1쇄 인쇄 2020년 9월 25일 | 초판 1쇄 발행 2020년 10월 5일
엮은이 편집부 | 펴낸이 김시열
펴낸곳 도서출판 운주사

　　　　(02832) 서울시 성북구 동소문로 67-1번지 성심빌딩 3층
　　　　전화 (02) 926-8361 | 팩스 (0505) 115-8361
ISBN 978-89-5746-621-6　03220
값 5,000원